CW01335661

Le retour du Roi

Grégory Roose

Le retour du Roi

Projet de constitution pour la
restauration de la France

Editions *Ad Gloriam*

ISBN : 9798399136103

Dépôt légal : juillet 2023

A mes enfants

A Marie

Là où les hommes ne peuvent honorer un roi, ils honorent à la place des millionnaires, des athlètes, ou des stars de cinéma ; voire des prostituées célèbres ou des gangsters. Car la nature spirituelle, comme la nature corporelle, doit être servie ; si on lui refuse de la nourriture, elle avalera du poison.

Clive Staples Lewis

AVANT-PROPOS

En 2020, Emmanuel Macron célébrait les cent cinquante ans de la République (en réalité, de sa renaissance) pour la glorifier et la mythifier plutôt que d'en reconnaître les limites et les travers et la rendre enfin compatible avec les enjeux de la société française du XXIe siècle. Après une énième ode au multiculturalisme et à la francisation des masses au mépris des Français de filiation ancienne, Emmanuel Macron lâchait un laconique « Vive la République, Vive la France ! ». Cette expression prononcée par tous nos dirigeants a fait florès, mais semble dénuée de sens et de profondeur pour un nombre croissant de Français. D'ailleurs, le mot république, longtemps utilisé pour évoquer les notions d'ordre, de paix, d'égalité et de justice, est devenu le symbole d'un égalitarisme forcené qui nourrit et encourage les communautarismes et les séparatismes. Il sert de substitut sémantique pour qui rechigne à parler de France et de faire-valoir aux adversaires de la France qui se servent des droits de l'homme, dévoyés, pour faire progresser leurs causes liberticides et destructrices.

Qu'est-ce que la république dans la bouche de nos dirigeants contemporains, sinon un objet conceptuel dont on viole les principes fondateurs, par ailleurs tout à fait discutables d'égalité, de fraternité et de liberté, pour lui prêter des vertus anachroniques qui ne servent qu'à faire progresser, au nom de ses prétendues valeurs, le multiculturalisme, l'islamisation, la submersion migratoire, la concentration des pouvoirs dans les mains de l'exécutif, les dérives des groupes de pression, du communautarisme, du système éducatif, des médias et du judiciaire ?

La république est l'enfant terrible de l'idéal démocratique, née dans un bain de sang, ressuscitée par la force et construite sur une utopie : la Déclaration universelle des droits de l'homme. Edmund Burke ne s'y trompait pas lorsqu'il écrivait, dans ses *Réflexions sur la Révolution de France* (1790), la nature abstraite de cet acte fondateur de la Révolution française qui nous conduirait à la tyrannie et au désastre. Nous y sommes. Ces droits « naturels », autoproclamés pour un « homme » abstrait et universel qui n'existe pas, démontrent qu'ils sont le fruit d'une utopie faisant l'impasse sur les différences fondamentales entre les hommes : leur appartenance à un peuple, une terre, un habitus, une ethnie, à leur condition sociale, leurs convictions religieuse et politique.

L'universalisme et l'égalitarisme des droits de l'homme sont les principaux arguments utilisés de nos jours par les adversaires de la France. Au nom de leur inviolable principe d'égalité, ils exigent la naturalisation de droit d'immigrés fraîchement débarqués sur notre sol et réclament la légitimé des communautarismes, ces agrégats d'individualismes égoïstes injustement portés au rang d'intérêt général.

Cependant, la France ne saurait être réduite à la république. Cette dernière n'est qu'un mode d'organisation politique aujourd'hui porté en idéal par nos dirigeants qui agitent sans cesse ses *valeurs*, dont personne ne sait vraiment ce qu'elles recouvrent. La république a des fondements, des principes, certes. Mais lui attribuer des *valeurs*, propre de l'homme et des groupes humains, relève de la glorification, de l'exaltation et donc du fétichisme, ennemi de la Raison sur laquelle la république a pourtant bâti son premier culte.

À l'heure où les indigénistes exigent, sous l'œil bienveillant des médias, l'abolition du prétendu « privilège » blanc, l'égalité à tous les étages et la disparition de la nation au nom du poison universaliste, le concept de république est pollué, vidé de son sens, rongé par ses propres contradictions. La république doit céder sa place, car ses institutions et ses défenseurs ne répondent pas aux enjeux et périls auxquels la France doit faire face.

Les Français ont besoin d'une nouvelle constitution pour retrouver la France. La France a besoin d'un Roi pour renouer avec les Français, leur histoire et leur destin. La monarchie constitutionnelle est peut-être la solution à nombre de nos problèmes, si toutefois le socle juridique qui la soutient est adapté aux défis majeurs de notre siècle.

J'ai imaginé ce projet de constitution fictive. Il pourrait permettre à la France de reprendre racine dans l'histoire par la restauration d'une monarchie constitutionnelle. Il propose, à travers plus de cent articles, des réponses concrètes, réalistes et humaines aux principaux enjeux qui menacent gravement la France.

PRÉAMBULE

La Nation française, fidèle à son histoire, à sa culture, à ses traditions, à ses racines païennes et chrétiennes, affirme solennellement son engagement envers les principes de liberté, d'équité et de fraternité nationales.

Reconnaissant la nécessité d'un symbole de continuité historique et d'unité nationale en rupture avec les dérives bicentenaires de la République, elle instaure une monarchie constitutionnelle.

TITRE I — DE LA MONARCHIE CONSTITUTIONNELLE

Article 1

Le roi est le chef de l'État. Il représente la permanence et l'unité de la nation, en France comme auprès des nations et institutions étrangères.

Article 2

La présente constitution accorde au roi des pouvoirs politiques, limités et encadrés par le parlement. Le roi dispose d'un droit de veto sur les affaires pouvant engager ou compromettre l'intégrité de la nation ou de l'État.

Article 3

La couronne est héréditaire selon la loi salique. Le Roi règne, mais ne gouverne pas. La Reine assure la régence. Par empêchement de la Reine, la régence est assurée par le président de la chambre des provinces.

Article 4

Le Roi veille au respect de la Constitution. Il assure, par son arbitrage, le fonctionnement régulier des pouvoirs publics et la continuité de l'État.

Article 5

Le pouvoir législatif est exercé par un Parlement bicaméral, constitué d'une Chambre nationale et d'une chambre des provinces. Les membres de ces deux chambres sont élus par les citoyens français au suffrage direct ou indirect.

Article 6

Le gouvernement, dirigé par le Premier ministre, détient le pouvoir exécutif. Il est responsable devant le Parlement et révocable par le Roi.

TITRE II — DE LA SOUVERAINETÉ NATIONALE ET DE L'INDÉPENDANCE

Article 7

La souveraineté nationale appartient à la nation française. Elle l'exerce par ses représentants, élus et amovibles, ou par voie de référendum. Aucune entité supranationale ni section du peuple ni aucun individu ne peut s'en attribuer l'exercice.

Article 8

La France est une nation souveraine et indépendante. Elle détermine librement sa politique dans tous les domaines, en conformité avec les principes du droit international.

Article 9

La France peut conclure des accords de coopération ou d'association avec d'autres États ou organisations internationales, dans le respect de sa souveraineté nationale inaliénable, imprescriptible, incessible et indivisible.

TITRE III — DU GOUVERNEMENT ET DE L'ADMINISTRATION

Article 10

Le gouvernement est responsable devant le Parlement. Le Premier ministre, nommé par le Roi, dirige le gouvernement, détermine et conduit la politique de la nation.

Article 11

Le gouvernement détient l'administration et le commandement des forces de défense et de sécurité. Il veille à la sécurité et à l'intégrité du territoire.

TITRE IV — DES COMMUNAUTÉS TERRITORIALES

Article 12

L'organisation territoriale de la France se compose de communes, de cent quatorze pays et de trente-neuf provinces. Toutes les communautés territoriales sont administrées par :

– des conseils élus par le peuple, au deux tiers *a minima* du nombre total de conseils ;

– des conseils nommés par le Roi parmi la noblesse, au tiers *a maxima* du nombre total de conseils.

Article 13

La Constitution reconnaît les souffrances et les préjudices subis par la noblesse française pendant et après la Révolution, y compris la confiscation des biens, les persécutions, les exécutions et les exils forcés. Les titres de noblesse français tels qu'ils existaient avant la Révolution française sont officiellement reconnus. Un registre officiel comprend les noms et les titres de tous les membres de la noblesse française.

Article 14

Les communautés territoriales ont vocation à prendre les décisions pour l'ensemble des compétences qui peuvent le mieux être mises en œuvre à leur niveau, sans préjudice de l'intégrité nationale.

TITRE V — DU SYSTÈME ÉCONOMIQUE ET SOCIAL

Article 15

La France est une économie de marché où la liberté d'entreprendre est garantie, encouragée et soutenue, dans le respect des intérêts de la France.

Article 16

Chaque travailleur a droit à la protection de ses intérêts économiques et sociaux et le devoir de tout entreprendre pour éviter le chômage. La Constitution garantit le droit de grève dans le cadre défini par décret.

TITRE VI — DES SYMBOLES DE LA NATION

Article 17

Les symboles de la royauté sont la couronne, la fleur de lys, le sceptre, la main de justice et l'épée du sacre.

Article 18

Le drapeau de la France, aux proportions « deux tiers », est composé de trois bandes verticales, bleue, blanche et rouge, de hauteur et largeur identiques, au centre duquel est représentée la couronne et les emblèmes royaux. La Nouvelle Marseillaise est l'hymne national de la France. Le coq gaulois est le symbole de la nation française. Le quinze août est jour de fête nationale. Le Louis est la monnaie nationale, indexée sur l'euro.

50

CINQUANTE
LOUIS

BANQUE CENTRALE
DE FRANCE

CE BILLET EST UN FAUX. IL N'A ÉTÉ CRÉÉ QUE
DANS L'OBJECTIF D'AMUSER LES ENFANTS
CHEZ EUX. VOUS POUVEZ LEUR
ÉCHANGER CONTRE UN VRAI BILLET, MAIS
NOUS SOMMES CERTAINS QU'IL PRÉFÉRERA
GARDER CELUI-CI.

BIBOU QUÉBIOT, BANQUIER EN CHEF

ADR130514

Article 19

Le pouvoir royal siège au château de Versailles, la chambre nationale au palais de l'Élysée et la chambre des provinces au palais du Luxembourg.

Article 20

La famille est le socle de la nation. La langue officielle de la France est le français. La Nation protège et promeut la langue française. Elle reconnaît les langues de ses provinces historiques.

TITRE VII — DES LIBERTÉS ET DES DROITS FONDAMENTAUX

Article 21

Tous les nationaux et citoyens français ont le droit à la liberté d'expression, de pensée, de culte et de réunion. Ces libertés sont exercées dans le respect de la sécurité publique, de l'ordre public, des droits et libertés d'autrui et de l'intégrité nationale.

Article 22

La propriété est un droit inviolable et sacré. Nul ne peut en être privé, sauf dans le cas où la nécessité publique, légalement constatée, l'exigerait évidemment, et sous la condition d'une juste et préalable indemnité.

TITRE VIII — DE LA LAÏCITÉ

Article 23

La France est un royaume chrétien. Elle respecte néanmoins toutes les croyances compatibles avec ses racines païennes et chrétiennes. Le roi garantit la liberté de conscience et la liberté religieuse dans le respect de l'ordre public, des fondations chrétiennes de la France et de l'intégrité nationale.

TITRE IX — DE LA COMMUNAUTÉ NATIONALE

Article 24

La communauté nationale est fondée sur le principe de filiation ethnique, la culture et l'histoire françaises. La Constitution garantit la préservation, la valorisation et la régénération de la communauté nationale, de son patrimoine et de son identité française.

Article 25

La Nation française encourage la solidarité et la cohésion entre toutes ses composantes légitimes.

TITRE X — DE LA NATIONALITÉ, DE LA CITOYENNETÉ, DU DROIT DE RÉSIDENCE TEMPORAIRE ET DE L'IMMIGRATION

Article 26

La nationalité française est obtenue par déclaration ou par naturalisation.

Article 27

La déclaration de nationalité concerne les individus nés de deux parents français ayant chacun une ascendance directe avec au moins trois individus français sur trois générations en ligne directe nés avant le 1er janvier 1950 en métropole, Corse, départements et territoires d'outre-mer. Les individus nés dans les anciennes colonies, comptoirs, protectorats et autres dépendances coloniales sont exclus de ce dispositif. Une loi organique précise les conditions de déclaration de nationalité.

Article 27 bis

Des dispositions exceptionnelles de reconnaissance de nationalité sont prises par une loi organique pour les individus, dont l'ancienne ascendance française est attestée, mais qui sont soit :

- Nés dans l'une des anciennes colonies, comptoirs, protectorats et autres dépendances coloniales ;

- Nés dans un état étranger pour cause d'expatriation temporaire de leurs parents ;

- Dotés d'une ou plusieurs autres nationalités que la nationalité française.

Article 28

La naturalisation au cas par cas est envisageable pour les individus majeurs nés en France, dont le casier judiciaire est vierge, dépourvus d'ascendance française de longue date, mais dont les deux parents sont nés en France selon les dispositions temporelles et géographiques prévues par l'article 27, ayant pour langue maternelle le français et dont la scolarité s'est déroulée en France et en langue française. Les individus étrangers ayant rendu des services exceptionnels à la France peuvent également faire une demande de naturalisation. Une loi organique précise les conditions de naturalisation au cas par cas.

Article 29

Tout individu n'entrant pas dans les dispositions de l'article 28 peut néanmoins soumettre une demande dérogatoire d'acquisition exceptionnelle de nationalité auprès de l'office français de naturalisation. Un très faible quota annuel, fixé par décret, limite et encadre les possibilités d'acquisition dérogatoire de nationalité.

Article 30

La citoyenneté française irrévocable est accordée de plein droit aux nationaux et aux harkis.

Article 31

La citoyenneté française est un privilège et un honneur révocables accordés de plein droit à tous les individus non nationaux nés en France. Elle est accessible au cas par cas aux individus étrangers sous réserve de leur adhésion unilatérale aux valeurs fondamentales de la France, ainsi qu'un engagement permanent et infaillible envers la préservation de la culture et de l'identité françaises.

Article 32

La déchéance de citoyenneté est prononcée lorsqu'un individu se comporte comme le ressortissant d'un état étranger ou dont le comportement est incompatible avec la qualité de Français, provoque le bannissement définitif et sans retour du royaume de France. Les individus déchus de leur citoyenneté ne peuvent pas la récupérer, une fois tous les délais de recours purgés. Une loi organique précise les conditions de déchéance de citoyenneté.

Article 33

Le droit d'asile est garanti par la constitution qui le limite et l'encadre strictement. Il est accordé au cas par cas à la stricte condition de respect des traditions françaises et de l'identité nationale.

Article 34

Tout individu souhaitant résider temporairement sur le territoire français doit démontrer qu'il dispose de moyens suffisants pour subvenir à ses besoins pendant toute la durée de son séjour. La démonstration de son autonomie peut être exigée sous forme de relevés bancaires, de preuves de revenus ou de tout autre document financier. Le demandeur devra également répondre aux exigences suivantes :

- prouver qu'il dispose d'une assurance maladie qui couvrira ses éventuels frais médicaux pendant son séjour ;

- fournir un certificat officiel indiquant qu'il n'a pas de casier judiciaire. Le séjour sur le territoire pourra être refusé aux personnes ayant des antécédents délictueux ou criminels ;

- prouver qu'il dispose d'un lieu sûr et approprié pour séjourner en France ;

- respecter toutes les conditions attachées à son visa, y compris l'interdiction de travailler si le visa ne le permet pas, et l'obligation de quitter le pays à la fin de son séjour sous peine de poursuites judiciaires et d'expulsion ;

- démontrer qu'il a des liens solides avec son pays d'origine, tels que la présence d'une famille, d'un emploi ou d'une propriété, afin de pouvoir considérer qu'il n'a pas l'intention de séjourner en France de manière prolongée ou permanente ;

– se soumettre à un examen de santé permettant notamment de déterminer que le demandeur n'est pas atteint de pathologies contagieuses.

Les conditions de résidence temporaire sont précisées par décret.

Article 35

Pour les visas de travail et étudiant, une offre d'emploi ou une attestation d'un établissement local est nécessaire. L'offre d'emploi doit répondre à des besoins spécifiques de la France, établis par décret, et liés à l'expertise du demandeur. L'employeur doit démontrer qu'il ne peut pas pourvoir le poste avec un citoyen français.

Certains visas peuvent exiger que le demandeur soit parrainé par un employeur, une entreprise ou un responsable d'établissement qui accepte d'endosser la responsabilité des agissements du demandeur pendant son séjour.

TITRE XI — DE LA RÉINSTALLATION TEMPORAIRE DES EXPULSÉS ET DES APATRIDES

Article 36

Il est institué, au cœur du parc national de la Guyane française, une zone sécurisée de réinstallation temporaire (ZSRT) pour les individus déchus de leur citoyenneté française ou expulsés de France, lorsque leur pays d'origine, identifié ou présumé, refuse leur retour. Cette zone, dénommée La Roche-Chapeau, est d'une superficie de 5000 kilomètres carrés.

Article 37

La ZSRT de La Roche-Chapeau est déclarée zone de rétention administrative spéciale du Royaume de France. Les individus qui y sont retenus temporairement ne jouissent d'aucun droit civique. Ils sont cependant protégés par le statut d'apatride. Le royaume de France leur garantit un toit, de la nourriture et une protection médicale.

Article 38

En échange de cet effort consenti par la nation, les résidents sont soumis à des travaux d'intérêt général, dont la nature est définie par une loi organique dans le respect des droits humains. Ces travaux et tâches ont pour vocation exclusive d'améliorer la qualité de vie des Guyanais.

Article 39

La réinstallation temporaire à La Roche-Chapeau est encadrée par les autorités civiles et militaires compétentes. Ses résidents y sont retenus dans plusieurs centres de haute sécurité répartis dans la zone selon des critères stratégiques. Ils y sont consignés temporairement, mais sans limites de temps. Ils jouissent d'un droit inaliénable au départ de cette zone, intégralement pris en charge par l'État, quand un pays tiers se déclare favorable à leur accueil définitif.

Article 40

L'Office français du rapatriement et de l'aide à la réinstallation (OFRAR) est un établissement public administratif sous tutelle du Premier ministre chargé d'assurer le rapatriement volontaire des individus ayant renoncé à leur citoyenneté française. Il est par ailleurs chargé d'administrer l'aide à la réinstallation définitive des individus déchus de leur citoyenneté et des étrangers expulsés.

TITRE XII — DU DROIT À LA DISCRIMINATION

Article 41

Il est conféré aux décideurs publics et privés un droit à la discrimination. Ce droit, fondé sur celui de la distinction objective, devra s'opérer sur les critères d'équité, de compétence, de mérite, d'appartenance à la nation et à la citoyenneté. L'appartenance à une communauté religieuse, idéologique ou sexuelle est exclue de ces critères de distinction.

TITRE XIII — DU COMMUNAUTARISME

Article 42

Le Roi est garant de l'unité et de la cohésion de la nation à travers ses différentes composantes humaine, spirituelle et géographique. Aucune communauté n'est reconnue supérieure à l'appartenance à la Nation française ou à la citoyenneté.

Article 43

Tout acte visant à la formation de communautés pour exiger des revendications sur la base des origines ethniques, religieuses, sexuelles ou idéologiques est interdit. L'État prévient et sanctionne toute forme de communautarisme menaçant l'unité de la cohésion nationale et de la citoyenneté.

TITRE XIV — DU JUDICIAIRE

Article 44

L'autorité judiciaire est gardienne des libertés publiques, individuelles et des droits fondamentaux. Elle est indépendante du pouvoir législatif et du pouvoir exécutif. Le roi dispose d'un droit de grâce.

Article 45

Tout individu accusé d'un acte délictueux ou criminel est présumé innocent jusqu'à ce que sa culpabilité ait été légalement établie. Il a droit à un procès équitable et public. Nul ne peut être condamné pour des actions ou omissions qui, au moment où elles ont été commises, ne constituaient pas un acte délictueux d'après le droit national ou international.

Article 46

Le droit à un recours effectif et à un tribunal impartial est garanti. Tout individu dont les droits et libertés reconnus par la loi auraient été violés a droit à un recours effectif devant une instance nationale, même si cette violation a été commise par des personnes agissant dans l'exercice de leurs

TITRE XV — DE LA JUSTICE ET DE LA PEINE DE TRAVAIL D'INTÉRÊT GÉNÉRAL

Article 47

La justice, garante de l'ordre et de la paix sociale, veille à la protection des plus vulnérables et à la sanction des crimes et délits, notamment des plus nuisibles. La distinction entre nationalité et citoyenneté est inopérante devant le respect de la loi.

Article 48

Pour certains crimes et délits, dont la liste est déterminée par décret, des peines de travail d'intérêt général sont instaurées dans des lieux de détention spécialisée. La nature de ces peines et de leur durée est prononcée par une juridiction d'assises spéciale, sur proposition du procureur du roi, après un procès équitable.

Article 49

Le travail d'intérêt général peut prendre diverses formes, notamment la réparation des infrastructures publiques, la restauration du patrimoine national et local, la participation à l'effort industriel, la participation à des projets environnementaux ou à d'autres missions de service d'intérêt général ou collectif dans les communautés territoriales.

Article 50

Ces prisonniers d'intérêt général effectueront leur peine dans l'un des centres de détention d'intérêt général situés dans chacune des provinces françaises. La localisation de ces lieux de détention est déterminée par les autorités compétentes en tenant compte des conditions de sécurité, du respect de la dignité humaine et du type de travail à effectuer.

Article 51

La peine de travail d'intérêt général est prononcée pour une durée déterminée ou à perpétuité, selon la gravité du délit ou du crime. Elle ne peut être commuée, aménagée ou suspendue qu'en cas de force majeure ou à la grâce du roi.

TITRE XVI — DU CONTRÔLE ET DE L'IMPARTIALITÉ DES JUGES

Article 52

Tout juge a le devoir de demeurer impartial et de faire preuve de neutralité dans l'exercice de ses fonctions en toute circonstance. L'idéologie, le syndicalisme ou l'orientation politique d'un juge ne doivent pas altérer son jugement ni son impartialité. Les juges sont tenus à un devoir de réserve qui interdit toute prise de position publique sur les affaires en cours ou les questions politiques.

Article 53

Un Conseil de l'Impartialité Judiciaire (CIJ) est créé pour veiller à l'impartialité des juges. Ce Conseil est chargé de recevoir les plaintes concernant les cas présumés de partialité, de mener des enquêtes et de proposer des sanctions en cas de manquement à l'impartialité. Le Conseil est composé de magistrats, d'avocats et de personnalités qualifiées, choisis en raison de leur indépendance et de leur intégrité notoires.

Article 54

En cas de manquement avéré à l'impartialité, le juge est sanctionné par le Conseil de l'Impartialité Judiciaire. Les sanctions peuvent aller de l'avertissement à la révocation, en passant par la suspension ou la mutation. Les décisions du Conseil sont publiques, prises à la majorité de ses membres et sont susceptibles de recours devant le Conseil Supérieur de la magistrature.

Article 55

Les juges sont tenus de déclarer tout conflit d'intérêts potentiel. En cas de conflit d'intérêts, le juge est tenu de se dessaisir de l'affaire. Le non-respect de cette obligation peut entraîner des sanctions.

TITRE XVII — DES TRAITÉS ET ACCORDS INTERNATIONAUX

Article 56

Le pouvoir de conclure des traités appartient au Premier ministre, sous le contrôle du Roi. Cependant, les traités de paix, les traités de commerce, les traités qui engagent les finances de l'État, ceux qui modifient des dispositions de nature législative, ceux qui sont relatifs à l'état des personnes, et ceux qui impliquent l'adhésion à une organisation internationale, ne peuvent être ratifiés ou approuvés qu'en vertu d'une loi organique.

Article 57

Si le Conseil constitutionnel, saisi par le Roi, par le Premier ministre, par le président de l'une ou l'autre chambre, par soixante députés ou soixante sénateurs, par cinq cent mille nationaux ou par trois millions de citoyens, a déclaré qu'une disposition nationale ou internationale contraignante comporte une clause contraire à la Constitution, l'autorisation de promulguer, ratifier ou d'approuver cette disposition ne peut intervenir qu'après révision de la Constitution.

TITRE XVIII — DE LA DÉFENSE ET DE LA SÉCURITÉ NATIONALE

Article 58

La défense de la nation, la protection des nationaux et des citoyens français sont des obligations de l'État. Les forces de défense et de sécurité sont au service du roi et de son gouvernement. La diplomatie, la défense et la sécurité nationale sont, en dernier recours, l'apanage du Roi.

Article 59

Le gouvernement a la responsabilité de maintenir l'ordre public et de garantir la sécurité intérieure.

Article 60

Chaque citoyen français, indépendamment de son sexe, masculin ou féminin, est tenu de remplir une obligation de service militaire à partir de ses 18 ans. Cette obligation s'étend sur une durée minimale de vingt et une semaines, incluant une période de formation de base au maniement des armes et de discipline militaire, et une formation spécifique adaptée aux compétences et aux intérêts de l'individu.

Article 61

Des exemptions pour des raisons médicales valides peuvent être accordées. De plus, des alternatives au service militaire sont disponibles pour ceux qui, pour des raisons philosophiques, ne sont pas aptes ou ne souhaitent pas servir temporairement dans l'armée. Ces alternatives, attribuées à titre exceptionnel, peuvent prendre la forme d'un service civil effectué au sein d'organisations publiques ou à but non lucratif. La durée de ce service civil sera plus longue que le service militaire, à hauteur de 1,5 fois la durée du service militaire.

Article 62

Les citoyens ayant accompli leur service militaire peuvent être mobilisés pour servir dans l'armée d'active en cas de nécessité absolue. Les conditions de cette mobilisation sont clairement définies par décret.

Article 63

Les citoyens ayant accompli leur service militaire sont autorisés à porter des armes sous certaines conditions strictes. Ce droit est révocable. Les armes peuvent être conservées à domicile sans des conditions de sécurité absolues. L'utilisation d'armes en dehors du service militaire ou de la formation demeure strictement réglementée par une loi organique.

TITRE XIX — DE LA PROTECTION ET DU CONTRÔLE DES FRONTIÈRES DU ROYAUME

Article 64

La protection et le contrôle des frontières de la France sont déclarés priorité nationale. Ils sont garantis et mis en œuvre par le gouvernement dans le respect des principes constitutionnels de souveraineté, de sécurité, d'humanité et de coopération internationale.

Article 65

Les échanges de personnes, de biens et de services à travers les frontières sont facilités pour favoriser le développement économique, social et culturel de la nation.

Ces échanges sont contrôlés et réglementés pour prévenir les risques et pour protéger les intérêts du royaume.

Article 66

La violation des frontières de la France est un crime. Des mesures strictes sont prises pour prévenir et combattre les entrées illégales, le trafic d'êtres humains, la contrebande et autres activités délictueuses et criminelles à la frontière, y compris par les associations de soutien aux clandestins.

Article 67

Une juridiction d'assises spéciale est chargée de prononcer les peines des individus violant les frontières du Royaume. L'OFRAR est chargée de les mettre en œuvre.

Article 68

Les forces de sécurité, les services de douane et d'autres services compétents sont dotés des moyens nécessaires pour assurer la protection et le contrôle efficace des frontières. Leur action est coordonnée et supervisée par une autorité nationale de contrôle des frontières.

Article 69

L'utilisation de technologies de pointe, y compris l'intelligence artificielle, est utilisée pour améliorer la protection et le contrôle des frontières.

Article 70

Les demandeurs d'asile sont accueillis dans le respect des conventions internationales après examen de leur demande en dehors des frontières du royaume, en particulier dans les ambassades. Leur traitement est rapide, équitable et humain. Des mesures sont prises pour leur accès à la résidence temporaire et pour leur retour dans leur pays d'origine quand les conditions déterminant le statut de demandeur d'asile deviennent caduques.

Article 71

La coopération internationale est encouragée pour limiter les flux migratoires, prévenir les risques de violation des frontières et combattre les activités criminelles à leurs abords. La France défend activement ses principes et ses intérêts dans les forums internationaux sur la gestion des frontières.

TITRE XX — DE L'ATTRIBUTION DES AIDES SOCIALES

Article 72

Les aides publiques de toute nature sont attribuées exclusivement aux nationaux et citoyens en fonction de leur situation personnelle et dans des conditions fixées par décret pour limiter les abus.

Article 73

Les aides publiques de toute nature peuvent être accordées à titre exceptionnel et au cas par cas aux résidents étrangers en fonction de leur situation personnelle et de l'intérêt de leur présence sur le territoire pour la Nation.

Article 74

Aucune aide provenant directement ou indirectement de fonds publics ne peut être attribuée aux résidents temporaires détenteurs d'un titre de séjour ni aux individus ne répondant pas à l'une ou l'autre des définitions du précédent article, à moins que des circonstances exceptionnelles démontrées et approuvées par l'autorité compétente ne justifient une dérogation à la présente règle.

Article 75

L'éligibilité aux aides publiques de toute nature est révisée périodiquement pour s'assurer que les bénéficiaires remplissent toujours les conditions nécessaires. En cas de fraude ou de non-respect des conditions, les aides peuvent être retirées et des sanctions peuvent être imposées.

TITRE XXI — DE LA CULTURE ET DE L'INSTRUCTION

Article 76

L'État assure l'égal accès de l'enfant et de l'adulte à l'instruction, à la formation professionnelle et à la culture. L'organisation de l'enseignement public gratuit et laïque à tous les degrés est un devoir de l'État. L'éducation est l'affaire exclusive des parents, dans le respect des droits et intérêts de l'enfant.

Article 77

L'État protège et promeut la diversité de ses cultures traditionnelles, son patrimoine historique, culturel et ses langues régionales, prioritairement aux cultures allogènes dont la promotion doit demeurer accessoire et secondaire.

TITRE XXII — DE LA LIBERTÉ DE LA PRESSE ET DE LA TRANSPARENCE DES MÉDIAS

Article 78

La liberté de la presse est un droit fondamental affirmé et garanti par la Constitution. Elle est essentielle à la liberté d'expression, à la démocratie et au respect de l'humanité.

Article 79

Les médias d'opinion et d'information sont clairement distingués. Les médias d'information sont tenus de respecter les principes de véracité, d'équité et d'objectivité. Les médias d'opinion sont libres d'exprimer des points de vue.

Article 80

Chaque média est tenu d'afficher clairement sur sa première page ou dans une section facilement accessible :

- s'il s'agit d'un journal d'opinion ou d'information

- l'orientation politique ou idéologique de sa ligne éditoriale

- le nom de son propriétaire

- le montant des subventions publiques obtenues.

Article 81

Les subventions publiques aux médias sont attribuées selon des critères publics, transparents et équitables. Ces critères comprennent l'indépendance éditoriale, la qualité du journalisme, l'engagement envers le service public et la diversité des voix.

Article 82

Le respect de ces obligations est contrôlé par une autorité indépendante de régulation des médias (AIRM), chargée de garantir le respect de la liberté de la presse, la transparence des médias et la diversité des opinions dans l'espace public.

Article 83

Toute atteinte à la liberté de la presse est punie par la loi. Les journalistes ont le droit de protéger leurs sources. Les atteintes à la sécurité des journalistes et des professionnels des médias sont strictement punies par la loi.

Article 84

Afin d'assurer un pluralisme des opinions, les temps de parole et de diffusion au sein des médias publics sont attribués de manière équitable entre les différentes opinions politiques. Cette équité est déterminée en fonction des résultats des dernières élections nationales et locales.

Article 85

L'État garantit un accès équitable de chaque courant politique ou idéologique aux médias publics. Les modalités précises de ces quotas sont fixées par l'autorité indépendante de régulation des médias, en veillant au respect du principe de proportionnalité.

Cette règle est appliquée de manière particulièrement stricte lors des périodes de campagne électorale, pour garantir que chaque parti ou candidat ait un accès équitable aux médias et puisse communiquer librement avec les électeurs.

TITRE XXIII — DE LA RÉGULATION DES RÉSEAUX SOCIAUX ET DE LA PROTECTION DES UTILISATEURS

Article 86

L'utilisation des réseaux sociaux est exclusivement encadrée par le droit à la liberté d'expression et la loi française. Les opérateurs de réseaux sociaux qui souhaitent opérer en France doivent se conformer à cette exigence, en dehors de toute velléité de modération interne répondant à leurs conditions générales d'utilisation.

Article 87

Une Autorité de Régulation des Réseaux Sociaux (ARRS) est créée. Cette autorité indépendante est chargée de la régulation des réseaux sociaux en France. Elle a pour mission de veiller à l'application de la loi française sur les réseaux sociaux et de protéger les utilisateurs contre les atteintes à leurs droits. Elle a la charge exclusive de la modération.

Article 88

L'ARRS est seule habilitée à intervenir lorsque des contenus illégaux sont signalés ou identifiés sur les réseaux sociaux. Elle a le pouvoir d'exiger la suppression de ces contenus, dans le respect de la liberté d'opinion de chacun, et de sanctionner les opérateurs qui ne respectent pas ces obligations.

Article 89

Tous les opérateurs de réseaux sociaux doivent fournir à l'ARRS un accès aux données nécessaires pour accomplir sa mission. Ils doivent également mettre en place des procédures de signalement des contenus potentiellement illégaux par les utilisateurs et de réponse rapide aux demandes de l'ARRS.

Article 90

L'ARRS a le pouvoir de sanctionner les opérateurs de réseaux sociaux qui ne respectent pas leurs obligations en matière de respect de la loi française, de protection des utilisateurs et de coopération avec l'autorité

. Les sanctions peuvent aller de l'amende à l'interdiction d'opérer en France. Les décisions de l'ARRS sont susceptibles d'appel.

Article 91

L'ARRS est financée par une contribution des opérateurs de réseaux sociaux. Cette contribution est proportionnelle à leur chiffre d'affaires réalisé en France.

TITRE XXIV — DE L'INTELLIGENCE ARTIFICIELLE ET DE LA PROTECTION DES CITOYENS

Article 92

L'intelligence artificielle (IA) est reconnue domaine stratégique pour le développement économique, social et culturel du royaume. Des programmes de recherche et d'innovation sont encouragés et financés pour faire de la France un fleuron international dans son développement et son utilisation.

Article 93

L'utilisation de l'IA doit respecter les principes de bioéthique, de liberté, d'équité et de fraternité nationales. Elle doit servir l'intérêt général, favoriser le progrès social et respecter les libertés individuelles fondamentales.

Article 94

La protection des données personnelles est une priorité dans l'utilisation de l'IA. Des mesures strictes sont mises en place pour garantir la confidentialité, l'intégrité et la disponibilité des données. Le consentement éclairé est requis pour toute collecte et utilisation de données personnelles.

Article 95

Les décisions prises par des écosystèmes d'IA doivent être explicables, transparentes et soumises à un contrôle humain. En cas de décisions ayant des conséquences juridiques ou similaires pour les individus, un recours à une intervention humaine doit être possible.

Article 96

Des mesures de contrôle et de protection spécifiques sont prises pour prévenir et combattre les risques liés à l'IA, tels que le chômage technologique, la manipulation de l'information, les atteintes à la sécurité et les atteintes aux personnes.

Article 97

Une autorité indépendante est créée pour surveiller les dérives liées à l'utilisation de l'IA, pour garantir le respect de ces principes et pour conseiller le gouvernement et le Parlement sur les questions d'IA. Cette autorité est dotée de pouvoirs d'investigation et de sanction.

Article 98

La formation à l'IA est déployée à tous les niveaux du système d'instruction pour développer une culture de l'IA.

TITRE XXV — DE LA PROTECTION DE L'ENVIRONNEMENT, DU PATRIMOINE NATUREL ET DES PAYSAGES

Article 99

Chaque personne a le droit de vivre dans un environnement équilibré et respectueux de la santé, du bien-être et des paysages. La protection de l'environnement, la préservation et la régénération du patrimoine architectural et naturel sont élevées au rang de priorité nationale.

Article 100

La défense de la nature, de l'environnement, des sites patrimoniaux remarquables et des paysages est déclarée priorité nationale.

Article 101

Les écosystèmes, la biodiversité, la qualité de l'air, de l'eau et du sol sont protégés par des lois strictes, des programmes de conservation, des actions de restauration et de valorisation.

Article 102

L'installation d'éoliennes terrestres est formellement interdite sur tout le territoire national. L'installation de centrales photovoltaïques au sol est limitée et strictement encadrée pour protéger les terres agricoles, les sites naturels et les paysages.

Article 103

L'exploration et l'exploitation des ressources énergétiques, y compris le gaz et le pétrole de schiste, sont encouragées dans le respect exclusif des normes environnementales les plus strictes. La recherche de technologies d'extraction propre et écologique est un préalable à l'exploitation de ces ressources.

Article 104

Les sites patrimoniaux remarquables et les paysages sont protégés et valorisés. Leur dégradation est un délit gravement sanctionné. Leur restauration ou leur rénovation sont encouragées et soutenues.

TITRE XXVI — DU CONSEIL CONSTITUTIONNEL

Article 105

Le Conseil constitutionnel veille à la régularité des élections et des référendums. Il contrôle la constitutionnalité des lois et interprète la Constitution. Ses membres sont élus aux deux tiers et nommés au tiers restant par le Roi parmi des personnalités compétentes.

Article 106

Une loi organique détermine les règles d'organisation et de fonctionnement du Conseil constitutionnel, la procédure à suivre devant lui et notamment les délais ouverts pour se saisir de contestations.

TITRE XXVII — DE LA RÉVISION CONSTITUTIONNELLE

Article 107

L'initiative de la révision de la Constitution appartient concurremment au Roi, au Premier ministre et aux membres du Parlement.

Article 108

Tout projet de révision constitutionnelle doit être approuvé par référendum à la majorité absolue.

TITRE XXVIII — DISPOSITIONS FINALES

Article 109

La présente Constitution est la loi suprême du royaume de France. Tous les organes de l'État, les personnes physiques et morales sont soumis à la Constitution.

Article 110

La présente Constitution entre en vigueur le jour de sa promulgation par le Roi, après son adoption par référendum à la majorité absolue.

Article 111

Les lois et les règlements en vigueur restent applicables tant qu'ils n'ont pas été abrogés ou modifiés par de nouvelles lois et règlements, sous réserve de leur compatibilité avec la présente Constitution.

TABLE DES MATIÈRES